Impressum
Verlag: BABADADA GmbH, Nedderfeld 112 , 22529 Hamburg
Geschäftsführer / Verlagsleitung: Harald Hof
Druck: Books on Demand GmbH, In de Tarpen 42, 22848 Norderstedt

Imprint
Publisher: BABADADA GmbH, Nedderfeld 112 , 22529 Hamburg, Germany
Managing Director / Publishing direction: Harald Hof
Print: Books on Demand GmbH, In de Tarpen 42, 22848 Norderstedt, Germany

dělit
除

186/2

tabule
黑板

třída
教室

školní hřiště
校园

učitel
老师

papír
纸

pero
钢笔

psací stůl
办公桌

pravítko
直尺

kniha
书

psát
书写

žák
学生

aktovka

书包

penál

铅笔盒

tužka

铅笔

ořezávátko

卷笔刀

guma

橡皮擦

blok na kreslení

画板

výkres

图画

štětec

画笔

malířské potřeby

颜料盒

nůžky

剪刀

lepidlo

胶水

cvičebnice

练习册

domácí úkol

家庭作业

počet

数字

2+2

sčítat

加

odčítat

减

násobit

乘

počítat

计算

A

písmeno

字母

ABCDEFG
HIJKLMN
OPQRSTU
VWXYZ

abeceda

字母表

slovo

字

text

课文

číst

读

křída

粉笔

hodina

上课

třídní kniha

登记

zkouška

考试

vysvědčení

证书

školní uniforma

校服

vzdělání

教育

encyklopedie

百科全书

univerzita

大学

mikroskop

显微镜

karta

地图

odpadkový koš na papír

废纸筐

hotel
酒店

Grand

ubytovna
青年旅社

ROOMS

směnárna
外币兑换处

EXCHANGE

kufr
手提箱

auto
汽车

jazyk

语言

ano / ne

是/否

oukej

好的

Ahoj!

您好

překladatel

翻译员

děkuji

谢谢

Kolik stojí...?

......多少钱？

nerozumím

我不明白

problém

问题

Dobrý večer!

晚上好！

Dobré ráno!

早上好！

Dobrou noc!

晚安！

na shledanou

再见

směr

方向

zavazadlo

行李

taška

包

batoh

双肩包

host

客人

pokoj

房间

spací pytel

睡袋

stan

帐篷

turistické informace

旅游信息

pláž

海滩

kreditní karta

信用卡

snídaně

早餐

oběd

午餐

večeře

晚餐

jízdenka

票

výtah

电梯

poštovní známka

邮票

hranice

边界

clo

海关

poselství

大使馆

vízum

签证

pas

护照

letadlo
飞机

loď
船

hasičský vůz
消防车

nákladní vůz
卡车

autobus
公交车

motorový člun
汽艇

kolo
自行车

auto
汽车

přívoz

摆渡船

člun

小船

motorka

摩托车

policejní auto

警车

závodní auto

赛车

pronajaté auto

租车

sdílení aut

拼车

odtahová služba

拖车

popelářský vůz

垃圾车

motor

发动机

palivo

汽油

čerpací stanice

加油站

dopravní značka

交通标志

doprava

交通

dopravní zácpa

交通堵塞

parkoviště

停车场

vlakové nádraží

火车站

koleje

轨道

vlak

火车

tramvaj

电车

vagón

货车

helikoptéra

直升机

letiště

机场

věž

塔

pasažér

乘客

kontejner

集装箱

kartón

纸板箱

trakař

手推车

koš

篮子

vzlétnout / přistát

起飞/降落

město

城市

vesnice

村庄

střed města

市中心

dům

房子

kino
电影院

reklama
广告

pouliční lampa
路灯

ulice
街道

taxi
出租车

kiosek
小吃店

chodec
行人

chodník
人行道

křižovatka
十字路口

zebra pro chodce
斑马线

popelnice
垃圾箱

semafor
红绿灯

chata
小屋

byt
公寓

vlakové nádraží
火车站

radnice
市政厅

muzeum
博物馆

škola
学校

univerzita

大学

banka

银行

nemocnice

医院

hotel

酒店

lékárna

药房

kancelář

办公室

knihkupectví

书店

obchod

商店

květinářství

花店

supermarket

超市

tržnice

市场

obchodní dům

百货商店

rybárna

鱼店

nákupní centrum

购物中心

přístav

海港

park

公园

lavička

长凳

most

桥

schody

楼梯

metro

地铁

tunel

隧道

autobusová zastávka

公交车站

bar

酒吧

restaurace

餐馆

poštovní schránka

邮筒

pouliční tabule

路标

parkovací hodiny

停车计时器

zoo

动物园

plovárna

游泳馆

mešita

清真寺

usedlost

农场

znečišťování životního prostředí

污染

hřbitov

墓地

církev

教堂

hřiště

操场

chrám

寺庙

krajina
地形

list 树叶

rozcestník 指示牌

cesta 路

louka 草地

kámen 石头

strom 树

turista 徒步旅行者

řeka 河

tráva 草

květina 花

údolí

峡谷

hora

山

jezero

湖

les

森林

poušť

沙漠

sopka

火山

zámek

城堡

duha

彩虹

houba

蘑菇

palma

棕榈树

komár

蚊子

moucha

苍蝇

mravenec

蚂蚁

včela

蜜蜂

pavouk

蜘蛛

brouk

甲虫

žába

青蛙

veverka

松鼠

ježek

刺猬

zajíc

野兔

sova

猫头鹰

pták

鸟

labuť

天鹅

divoké prase

野猪

jelen

鹿

los

麋鹿

přehrada

水坝

větrné kolo

风力发电机

solární panel

太阳能电池板

podnebí

气候

číšník
服务员

jídelní lístek
菜单

židle
椅子

polévka
汤

pizza
披萨饼

ubrus
桌布

příbor
餐具

předkrm

前菜

hlavní chod

主菜

dezert

甜点

nápoje

饮料

jídlo

食物

láhev

瓶子

rychlé občerstvení

快餐

pouliční občerstvení

街边小吃

čajová konvice

茶壶

cukřenka

糖盒

porce

一份饭菜

kávovar na espresso

意式咖啡机

dětská stolička

高脚椅

faktura

账单

tác

托盘

nůž

刀

vidlička

餐叉

lžíce

勺子

čajová lyžička

茶匙

ubrousek

餐巾

sklenička

玻璃杯

talíř

碟子

talíř na polévku

汤盘

podšálek

碟子

omáčka

酱

slánka

盐瓶

mlýnek na pepř

胡椒磨

ocet

醋

olej

食用油

koření

调味料

kečup

番茄酱

hořčice

芥末

majonéza

蛋黄酱

nabídka
特价

zákazník
顾客

mléčné výrobky
乳制品

ovoce
水果

nákupní vozík
购物车

FOR

masna

肉铺

pekařství

面包房

vážit

称重

zelenina

蔬菜

maso

肉

mražené potraviny

冷冻食品

obložený talíř

冷盘

konzervy

罐头食品

prací prášek

洗衣粉

cukrovinky

甜食

výrobky pro domácnost

日用品

čisticí prostředek

清洁用品

prodavačka

销售员

pokladna

收银机

pokladní

收银员

nákupní seznam

购物清单

otevírací doba

开放时间

peněženka

钱包

kreditní karta

信用卡

taška

袋子

igelitová taška

塑料袋

voda

水

džus

果汁

mléko

牛奶

kola

可乐

víno

红酒

pivo

啤酒

alkohol

酒

kakao

可可

čaj

茶

káva

咖啡

espresso

意式浓缩咖啡

kapučíno

卡布奇诺

banán

香蕉

jablko

苹果

pomeranč

橙子

meloun

西瓜

citrón

柠檬

mrkev

胡萝卜

česnek

大蒜

bambus

竹子

cibule

洋葱

houba

蘑菇

ořechy

坚果

těstoviny

面条

špageti

意大利面条

rýže

米饭

salát

沙拉

hranolky

薯条

americké brambory

炸土豆

pizza

披萨饼

hamburger

汉堡包

sendvič

三明治

řízek

炸猪排

šunka

火腿

salám

萨拉米

salám

香肠

kuře

鸡肉

pečeně

烤肉

ryby

鱼

ovesné vločky

燕麦片

müsli

穆兹利

vločky

玉米片

mouka

面粉

croissant

羊角面包

houska

面包卷

chléb

面包

toast

烤面包

sušenky

饼干

máslo

黄油

tvaroh

凝乳

buchta

蛋糕

vejce

蛋

volské oko

煎蛋

sýr

奶酪

zmrzlina

冰激凌

cukr

糖

med

蜂蜜

marmeláda

果酱

nugátový krém

巧克力酱

kari

咖喱饭

selské stavení
农舍

stodola
粮仓

balík slámy
稻草捆

pole
田野

kůň
马

přívěs
拖车

traktor
拖拉机

hříbě
马驹

osel
驴

jehně
羔羊

ovce
羊

koza
山羊

kráva
奶牛

tele
牛犊

prase
猪

sele
小猪

býk
公牛

husa

鹅

kachna

鸭

kuře

小鸡

slepice

母鸡

kohout

公鸡

krysa

鼠

kočka

猫

myš

老鼠

vůl

牛

pes

狗

psí bouda

狗屋

zahradní hadice

花园浇水软管

kropicí konev

洒水壶

kosa

长柄大镰刀

pluh

犁

srp

镰刀

motyka

锄头

vidle

长柄草耙

sekera

斧头

kolecko

独轮手推车

koryto

饲料槽

konev na mléko

牛奶罐

pytel

麻布袋

plot

栅栏

stáj

马厩

skleník

温室

půda

土壤

osivo

种子

hnojivo

肥料

kombajn

联合收割机

sklidit

收割

sklizeň

收割

smldinec

山药

pšenice

小麦

sója

大豆

brambora

土豆

kukuřice

玉米

řepka

油菜籽

ovocný strom

果树

maniok

树薯

obilí

谷物

komín
烟囱

střecha
屋顶

okap
落水管

okno
窗户

garáž
车库

zvonek
门铃

dveře
门

popelnice
垃圾桶

dopisní schránka
信箱

zahrada
花园

obývací pokoj

客厅

koupelna

浴室

kuchyně

厨房

ložnice

卧室

dětský pokoj

儿童房

jídelna

餐厅

podlaha

地板

zeď

墙壁

deka

吊顶

sklep

地窖

sauna

桑拿

balkón

阳台

terasa

露台

bazén

游泳池

sekačka na trávu

割草机

ložní prádlo

被单

lůžková přikrývka

床罩

postel

床

smeták

扫帚

kýbl

水桶

vypínač

开关

tapeta
壁纸

obrázek
照片

žárovka
台灯

police
搁架

skříň
橱柜

televizor
电视机

komín
壁炉

květina
花

polštář
垫子

gauč
沙发

váza
花瓶

dálkový ovladač
遥控器

koberec

地毯

závěs

窗帘

stůl

餐桌

židle

椅子

houpací křeslo

摇椅

křeslo

扶手椅

kniha

书

strop

毯子

ozdoba

装饰品

palivové dříví

木柴

film

电影

stereo souprava

高保真音响

klíč

钥匙

noviny

报纸

malba

油画

plakát

海报

rádio

收音机

poznámkový blok

笔记本

vysavač

吸尘器

kaktus

仙人掌

svíce

蜡烛

chladnička
冰箱

mikrovlnná trouba
微波炉

kuchyňská váha
厨房秤

toustovač
烤面包机

čisticí prostředek
洗洁精

trouba
烤箱

mraznička
冰柜

popelnice
垃圾桶

myčka nádobí
洗碗机

sporák

炊具

hrnec

锅

litinový hrnec

铸铁锅

wok / kadai

炒锅

pánev

平底锅

varná konvice

水壶

parní hrnec

蒸锅

plech na pečení

烤盘

nádobí

陶瓷锅

hrnek

马克杯

miska

碗

jídelní hůlky

筷子

naběračka

长柄勺

obracečka

铲子

metla

搅拌器

síto

滤网

cedník

筛子

struhadlo

磨碎机

hmoždíř

研钵

gril

烧烤

ohniště

明火

prkénko na krájení

菜板

váleček na těsto

擀面杖

vývrtka

开瓶器

dóza

罐子

otvírák na konzervy

开罐器

chňapka

隔热手套

umyvadlo

水槽

kartáč na nádobí

刷子

houba

海绵

mixér

搅拌机

mrazák

冷藏箱

dětská lahev

奶瓶

kohoutek

水龙头

topení 供暖设备

sprcha 淋浴

ručník 毛巾

sprchový závěs 浴帘

pěnová koupel 泡沫浴

vana 浴缸

sklenička 玻璃杯

pračka 洗衣机

kohoutek 水龙头

obkladačky 瓷砖

nočník 便壶

umyvadlo 水槽

záchod 厕所	turecký záchod 蹲便器	bidet 坐浴器
pisoár 小便池	toaletní papír 厕纸	záchodová štětka 马桶刷

zubní kartáček

牙刷

zubní pasta

牙膏

zubní niť

牙线

mýt

洗

ruční sprcha

手持式喷淋头

intimní sprcha

冲洗器

umyvadlo

洗脸盆

kartáč na záda

擦背刷

mýdlo

肥皂

sprchový gel

沐浴露

šampón

洗发水

žínka

法兰绒

odpad

排水

krém

乳霜

deodorant

除臭剂

zrcadlo

镜子

kosmetické zrcátko

手镜

holicí strojek

剃须刀

pěna na holení

剃须泡沫

voda po holení

须后水

hřeben

梳子

kartáč

刷子

fén

吹风机

lak na vlasy

喷发定型剂

makeup

化妆品

rtěnka

唇膏

lak na nehty

指甲油

vata

化妆棉

nůžky na nehty

指甲剪

parfém

香水

taška s toaletními potřebami

洗漱包

stolička

凳子

váha

计重秤

župan

浴袍

gumové rukavice

橡胶手套

tampón

卫生棉条

dámská vložka

卫生巾

chemická toaleta

化学厕所

budík
闹钟

plyšová hračka
毛绒玩具

autíčko
玩具车

domeček pro panenky
玩具屋

dárek
礼物

chrastítko
拨浪鼓

balón

气球

postel

床

kočárek

（洋娃娃用）婴儿车

balíček karet

扑克牌

puzzle

拼图

komiks

漫画

lego kostky

乐高积木

stavebnice

积木玩具

akční figurka

玩具人

dupačky

婴儿服

frisbee

飞盘

závěsné hračky nad postýlku

床铃玩具

desková hra

棋盘游戏

kostky

骰子

modelová železnice

火车模型

dudlík

安抚奶嘴

oslava

聚会

obrázková kniha

绘本

míč

球

panenka

洋娃娃

hrát si

玩

dětský pokoj - 儿童房

pískoviště

沙坑

houpačka

秋千

hračky

玩具

hrací konzole

游戏机

tříkolka

三轮车

medvídek

泰迪熊

šatník

衣柜

oblečení

衣服

ponožky

袜子

punčochy

长袜

punčochové kalhoty

紧身裤

šála
围巾

deštník
雨伞

pásek
皮带

tričko
T恤

kozačky
靴子

domácí obuv
拖鞋

tenisky
运动鞋

sandály

凉鞋

obuv

鞋

holínky

雨靴

spodní prádlo

内裤

podprsenka

胸罩

nátělník

背心

oblečení - 衣服

body

身体

kalhoty

裤子

džíny

牛仔裤

sukně

短裙

blůza

女式衬衫

košile

衬衫

svetr

套头衫

mikina

卫衣

blejzr

西装夹克

bunda

夹克

kabát

外套

pláštěnka

雨衣

kostým

套装

šaty

连衣裙

svatební šaty

婚纱

x

46

oblečení - 衣服

oblek

西装

noční košile

睡袍

pyžamo

睡衣

sárí

莎丽

šátek na hlavu

头巾

turban

包头巾

burka

波卡

kaftan

卡夫坦

abája

(阿拉伯式)长袍长袍

plavky

泳衣

pánské plavky

男式泳裤

kraťasy

短裤

teplákvá souprava

运动服

zástěra

围裙

rukavice

手套

knoflík

纽扣

brýle

眼镜

náramek

手链

náhrdelník

项链

prsten

戒指

náušnice

耳环

čepice

便帽

ramínko

衣架

klobouk

帽子

kravata

领带

zip

拉链

helma

头盔

kšandy

背带

školní uniforma

校服

uniforma

制服

bryndák

围兜

dudlík

安抚奶嘴

plena

尿不湿

server
服务器

kartotéka
文件柜

monitor
显示屏

tiskárna
打印机

papír
纸

myš
鼠标

psací stůl
办公桌

šanon
文件夹

klávesnice
键盘

odpadkový koš na papír
废纸筐

židle
椅子

počítač
电脑

hrnek na kávu

咖啡杯

kalkulačka

计算器

internet

因特网

notebook

笔记本电脑

dopis

信件

zpráva

消息

mobil

手机

síť

网络

kopírka

复印机

software

软件

telefon

电话

zásuvka

插座

fax

传真机

formulář

表格

dokument

文件

nakupovat

买

zaplatit

付钱

jednat

交易

peníze

现金

dolar

美元

euro

欧元

jen

日元

rubl

卢布

frank

瑞士法郎

juan

人民币

rupie

卢比

bankomat

提款处

směnárna

外币兑换处

zlato

金

stříbro

银

olej

石油

energie

能源

cena

价格

smlouva

合同

daň

税金

akcie

股票

pracovat

工作

zaměstnanec

职员

zaměstnavatel

老板

továrna

工厂

obchod

商店

policista
警官

hasič
消防员

pilot
飞行员

lékař
医生

kuchař
厨师

zahradník

园丁

truhlář

木匠

švadlena

裁缝

soudce

法官

chemik

化学家

herec

演员

řidič autobusu

公交车司机

řidič taxi

出租车司机

rybář

渔夫

uklízečka

清洁女工

pokrývač

屋顶工

číšník

服务员

myslivec

猎人

malíř

画家

pekař

面包师

elektrikář

电工

stavební dělník

建筑工人

inženýr

工程师

řezník

屠夫

klempíř

水管工

listonoš

邮递员

voják

士兵

architekt

建筑师

pokladní

收银员

florista

花农

kadeřník

理发师

průvodčí

售票员

mechanik

机械师

kapitán

船长

zubař

牙医

vědec

科学家

rabín

拉比

imám

伊玛目

mnich

和尚

duchovní

牧师

povolání - 职业

kladivo
铁锤

kleště
钳子

šroubovák
螺丝刀

klíč
扳手

kapesní svítilna
手电筒

bagr

挖掘机

skříň na nářadí

工具箱

žebřík

梯子

pila

锯子

hřebíky

钉子

vrtačka

钻机

opravit

修

lopata

铲子

Kurva!

靠！

lopatka

簸箕

vědroé na barvu

油漆桶

šrouby

螺丝

hudební nástroje

乐器

reprodukter
扬声器

bicí
打击乐
器

kontrabas
低音提琴

trubka
小号

kytara
吉他

klavír

钢琴

housle

小提琴

basa

贝斯

tympán

定音鼓

bubny

鼓

keyboard

电子琴

saxofon

萨克斯管

flétna

长笛

mikrofon

麦克风

tygr
老虎

vstup
入口

klec
笼子

zebra
斑马

krmivo pro zvířata
动物饲料

panda
熊猫

zvířata

动物

slon

大象

klokan

袋鼠

nosorožec

犀牛

gorila

大猩猩

medvěd

熊

velbloud

骆驼

pštros

鸵鸟

lev

狮子

opice

猴子

plameňák

火烈鸟

papoušek

鹦鹉

lední medvěd

北极熊

tučňák

企鹅

žralok

鲨鱼

páv

孔雀

had

蛇

krokodýl

鳄鱼

ošetřovatel zvířat

动物园管理员

tuleň

海豹

jaguár

美洲豹

poník

矮种马

leopard

豹

hroch

河马

žirafa

长颈鹿

orel

老鹰

divoké prase

野猪

ryby

鱼

želva

龟

mrož

海象

liška

狐狸

gazela

羚羊

americký fotbal
橄榄球

cyklistika
骑自行车

tenis
网球

košíková
篮球

plavání
游泳

box
拳击

lední hokej
冰球

kopaná
英式足球

badminton
羽毛球

lehká atletika
田径

házená
手球

běh na lyžích
滑雪

vodní pólo
马球

skočit
跳

objímat
拥抱

smát se
笑

jít
走路

zpívat
唱

snít
做梦

modlit se
祈祷

políbit
亲吻

psát
书写

kreslit
画

ukazovat
展示

tlačit
推

dát
给

vzít si
拿

mít

有

dělat

做

být

当

stát

站

běhat

跑

táhnout

拉

hodit

扔

padat

摔倒

ležet

躺

čekat

等待

nosit

携带

sedět

坐

oblékat

穿衣

spát

睡觉

vzbudit se

醒来

prohlédnout si

看

plakat

哭

pohladit

抚摸

česat

梳头

hovořit

交谈

rozumět

明白

ptát se

问

slyšet

听

pít

喝

jíst

吃

uklidit

清理

milovat

爱

vařit

做饭

jet

开车

letět

飞

plachtit

航行

počítat

计算

číst

读

učit se

学习

pracovat

工作

vzít si

结婚

šít

缝

čistit si zuby

刷牙

zabít

杀

kouřit

抽烟

poslat

寄

babička 祖母

dědeček 祖父

otec 父亲

matka 母亲

dítě 婴童

dcera 女儿

syn 儿子

host

客人

teta

阿姨

strýc

叔叔

bratr

兄弟

sestra

姐妹

tělo
身体

čelo
前额

oko
眼睛

rameno
肩膀

prst
手指

obličej
脸

brada
下巴

ruka
手

hruď
乳房

dolní končetina
腿

paže
手臂

dítě
婴童

muž
男人

žena
女人

dívka
女孩

chlapec
男孩

hlava
头

záda

背部

břicho

肚子

pupík

肚脐

prst na noze

脚趾

pata

脚后跟

kost

骨头

bok

臀部

koleno

膝盖

loket

手肘

nos

鼻子

zadek

屁股

kůže

皮肤

tvář

脸颊

ucho

耳朵

ret

嘴唇

tělo - 身体

ústa

嘴

zub

牙齿

jazyk

舌头

mozek

脑

srdce

心脏

sval

肌肉

plíce

肺

játra

肝脏

žaludek

胃

ledviny

肾脏

pohlavní styk

性交

kondom

避孕套

vajíčko

卵子

sperma

精子

těhotenství

怀孕

menstruace

月经

vagina

阴道

penis

阴茎

obočí

眉毛

vlasy

头发

krk

脖子

nemocnice
医院

sanitka
救护车

invalidní vozík
轮椅

zlomenina
骨折

lékař

医生

pohotovost

急诊室

zdravotní sestra

护士

urgentní případ

紧急情况

v bezvědomí

昏迷

bolest

痛

úraz

受伤

krvácení

出血

infarkt myokardu

心脏病发作

cévní mozková příhoda

中风

alergie

过敏

kašel

咳嗽

horečka

发烧

chřipka

流感

průjem

腹泻

bolest hlavy

头痛

rakovina

癌症

cukrovka

糖尿病

chirurg

外科医生

skalpel

手术刀

operace

手术

CT

CT

rentgen

X光

ultrazvuk

超声波

maska

口罩

nemoc

疾病

čekárna

候诊室

berle

拐杖

náplast

石膏

obvaz

绷带

injekce

注射

stetoskop

听诊器

nosítka

担架

teploměr

体温计

porod

出生

nadváha

超重

naslouchátko

助听器

dezinfekční prostředek

消毒液

infekce

感染

virus

病毒

HIV / AIDS

艾滋病

lékařství

药物

očkování

接种疫苗

tablety

药片

pilulka

药丸

tísňové volání

急救电话

tonometr

血压计

nemocný / zdravý

生病/健康

Pomoc!

救命！

poplach

警报

přepadení

突击

napadení

攻击

nebezpečí

危险

nouzový východ

紧急出口

Hoří!

着火啦！

hasicí přístroj

灭火器

nehoda

意外

zdravotnická brašna

急救箱

SOS

呼救信号

policie

警察

Evropa

欧洲

Severní Amerika

北美洲

Jižní Amerika

南美洲

Afrika

非洲

Asie

亚洲

Austrálie

澳洲

Atlantik

大西洋

Pacifik

太平洋

Indický oceán

印度洋

Jižní ledový oceán

南冰洋

Severní ledový oceán

北冰洋

severní pól

北极

jižní pól

南极

Antarktida

南极洲

země

地球

pevnina

陆地

moře

海

ostrov

岛

národ

国家

stát

国家

ciferník

钟面

hodinová ručička

时针

minutová ručička

分针

vteřinová ručička

秒针

Kolik je hodin?

现在几点？

den

天

čas

时间

teď

现在

digitální hodinky

电子表

minuta

分

hodina

时

pondělí 周一 — MO
úterý 周二 — TU
středa 周三 — W
čtvrtek 周四 — TH
sobota 周六 — SA
pátek 周五 — FR
neděle 周日 — SO

včera

昨天

dnes

今天

zítra

明天

ráno

早晨

poledne

中午

večer

晚上

MO	TU	WE	TH	FR	SA	SU
1	2	3	4	5	6	7
8	9	10	11	12	13	14
15	16	17	18	19	20	21
22	23	24	25	26	27	28
29	30	31	1	2	3	4

pracovní dny

工作日

MO	TU	WE	TH	FR	SA	SU
1	2	3	4	5	6	7
8	9	10	11	12	13	14
15	16	17	18	19	20	21
22	23	24	25	26	27	28
29	30	31	1	2	3	4

víkend

周末

déšť
雨

duha
彩虹

vítr
风

sníh
雪

jaro
春

podzim
秋

léto
夏

zima
冬

předpověď počasí

天气预报

teploměr

温度计

sluneční svit

阳光

mrak

云

mlha

雾

vlhkost

潮湿

blesk

闪电

hrom

打雷

bouřka

风暴

kroupy

冰雹

monzun

季风

povodeň

洪水

led

冰

leden

一月

únor

二月

březen

三月

duben

四月

květen

五月

červen

六月

červenec

七月

srpen

八月

zář í

九月

říjen

十月

listopad

十一月

prosinec

十二月

tvary

形状

kruh

圆形

čtverec

正方形

obdélník

长方形

trojúhelník

三角形

koule

球体

krychle

立方体

bílá

白

žlutá

黄

oranžová

橙

růžová

粉

červená

红

fialová

紫

modrá

蓝

zelená

绿

hnědá

棕

šedá

灰

černá

黑

hodně / málo

很多/少许

rozzuřený / mírumilovný

生气/平静

krásný / ošklivý

美/丑

začátek / konec

首/尾

velký / malý

大/小

světlý / tmavý

明/暗

bratr / sestra

兄弟/姐妹

čistý / špinavý

干净/肮脏

úplný / neúplný

完整/缺失

den / noc

白天/晚上

mrtvý / živý

死/生

široký / úzký

宽/窄

jedlý / nejedlý

可食用/非食用

zlý / hodný

邪恶/善良

vzrušený / znuděný

兴奋/无聊

tlustý / hubený

胖/瘦

nejdříve / naposledy

第一/最后

přítel / nepřítel

朋友/敌人

plný / prázdný

满/空

tvrdý / měkký

硬/软

těžký / lehký

重/轻

hlad / žízeň

饿/渴

nemocný / zdravý

生病/健康

ilegální / legální

非法/合法

inteligentní / hloupý

聪明/愚笨

vlevo / vpravo

左/右

blízko / daleko

近/远

nový / použitý

新/旧

nic / něco

没有/有些

starý / mladý

老/幼

zapnutý / vypnutý

开/关

otevřeno / zavřeno

打开/合上

tichý / hlasitý

安静/吵闹

bohatý / chudý

富/穷

správný / špatný

对/错

drsný / hladký

粗糙/光滑

smutný / šťastný

伤心/高兴

krátký / dlouhý

短/长

pomalý / rychlý

慢/快

vlhký / suchý

湿/干

teplý / chladný

温暖/凉爽

válka / mír

战争/和平

čísla

0

nula

零

1

jedna

一

2

dva

二

3

tři

三

4

čtyři

四

5

pět

五

6

šest

六

7

sedm

七

8

osm

八

9

devět

九

10

deset

十

11

jedenáct

十一

12

dvanáct

十二

13

třináct

十三

14

čtrnáct

十四

15

patnáct

十五

16

šestnáct

十六

17

sedmnáct

十七

18

osmnáct

十八

19

devatenáct

十九

20

dvacet

二十

100

sto

百

1.000

tisíc

千

1.000.000

milion

百万

jazyky

语言

angličtina

英语

americká angličtina

美式英语

standardní čínština

普通话

hindština

印地语

španělština

西班牙语

francouzština

法语

arabština

阿拉伯语

ruština

俄语

portugalština

葡萄牙语

bengálština

孟加拉语

němčina

德语

japonština

日语

já

我

ty

你

on / ona / ono

他/她/它

my

我们

vy

你们

oni

他们

Kdo?

谁？

Co?

什么？

Jak?

怎样？

Kde?

哪里？

Kdy?

什么时候？

jméno

名字

za
后面

do
里面

z
前面

nad
上方

na
上面

mezi
下面

vedle
旁边

mezi
中间

místo
地点